Inhalt

Giftmülldeponien für faule Kredite - Bad Banks sollen den Banken helfen

Kernthesen

Beitrag

Fallbeispiele

Weiterführende Literatur

Impressum

GENIOS WirtschaftsWissen Nr. 05/2009 vom 04.05.2009

Giftmülldeponien für faule Kredite - Bad Banks sollen den Banken helfen

R.Reuter

Kernthesen

- Noch in diesem Monat will der Gesetzgeber die Einrichtung von Abwicklungsbanken auf den Weg bringen.
- Die sogenannten Bad Banks sollen den Banken ihre faulen Kredite abnehmen und ihnen so wieder eine stärkere Kreditvergabe ermöglichen.
- Die Diskussion um die Ausgestaltung der Bad Banks fokussiert sich derzeit auf nur noch zwei Modelle. Favorit ist die

Gründung von bankeigenen Zweckgesellschaften, eine Alternative ist die Anstalt in der Anstalt.

Beitrag

15 bis 20 Jahre lang sollen die deutschen Banken ihre Giftpapiere in eigens gegründeten Abwicklungsbanken parken können. Ob die hierfür nötigen staatlichen Garantien den Steuerzahler noch einmal belasten werden, klärt sich erst dann.

Die Bad Bank kommt

Seit 20 Monaten beherrscht die Finanzkrise die Schlagzeilen. Reagiert haben die Staaten mit milliardenschweren Stützungsprogrammen für die angeschlagenen Banken, die aber immer noch nicht über den Berg sind. Das Problem sind nun die sogenannten toxischen Wertpapiere, die den Banken Abschreibungen aufzwingen, die an ihrem Eigenkapital nagen. Dieses Kapital benötigen die Banken aber, um Unternehmen und Verbrauchern Kredite gewähren zu können. Soll die Weltwirtschaft irgendwann wieder in Gang kommen, ist ein intakter Kreditsektor nach Meinung von Experten unerlässlich.

Um den Banken ihre Rolle als Kreditgeber zu ermöglichen und sie vor kommenden Schieflagen zu bewahren, ist die Herausnahme ihrer illiquiden und toxischen Wertpapiere aus den Bilanzen unumgänglich. Uneinigkeit besteht allerdings noch darüber, wie die Bad Bank die diese Wertpapiere zukünftig aufnehmen soll, im Einzelnen aussehen wird. (1), (2), (3)

Eine Mülldeponie für Wertpapiere

Innerhalb der Bundesregierung und des Finanzgewerbes gilt es als ausgemacht, dass die Gründung einer Bad Bank zur Ankurbelung der Wirtschaft kommen muss. Dies liegt daran, dass die Bilanzschwierigkeiten der Banken nicht mehr nur in toxischen Zockerpapieren begründet sind. Auch die einst so soliden Staatsanleihen müssen die Banken derzeit in Teilen abschreiben.

Als toxisch gelten Wertpapiere, die unter großen Wertverlusten leiden, weil die Schuldner ihren Verpflichtungen nicht mehr nachkommen können. Ihre Giftigkeit erhalten solche Papiere auch durch ihre schwierig zu beurteilende Ausfallwahrscheinlichkeit. Besteht hierüber aber keine Klarheit, ist es den Instituten kaum möglich, die Forderungen weiterzuverkaufen. Vor Beginn der Finanzkrise haben die Banken zahlreiche faule Kredite in Wertpapiere gebündelt und diese an Investoren weitergereicht. Dieses Geschäft mit den sogenannten Kreditverbriefungen brach zusammen, als 2007 in den USA die Immobilienkrise ausbrach.

Toxische Wertpapiere sollen nun in einer Bad Bank dauerhaft zwischengelagert werden. Die Bankbilanzen würden auf diesem Wege entlastet, die Kreditinstitute könnten ihre Handlungsfähigkeit zurückgewinnen. (1), (2)

Der Staat muss bürgen

Derzeit sieht es so aus, dass die Verbürgung für die ausgelagerten Problempapiere wieder vom Steuerzahler gestemmt werden muss. 15 bis 20 Jahre lang sollen die Wertpapiere in der Bad Bank liegen, bis sie von den Banken zurückgenommen werden müssen. Ist ihr Wert gegenüber der übernommenen Bürgschaft bis dahin gesunken, müsste der Steuerzahler den Fehlbetrag ausgleichen. Um dies zu vermeiden, müssen die Banken in dieser Zeit genügend Rücklagen aufbauen, um die Giftpapiere ohne staatliche Beteiligung zurückkaufen zu können.

Zudem verlangt der Staat Gebühren für seine Garantien. Nur im besten Falle könnte die Staatskasse von der Bad Bank sogar finanziell profitieren. Bundesfinanzminister Peer Steinbrück jedenfalls ist zuversichtlich, dass die Bad Bank dem Steuerzahler keine neuen Belastungen auferlegen wird. (1), (2)

Schwierige Beratungen

Als ein politisches Problem bei der Gründung der Bad Bank entpuppen sich die derzeitigen Anzeichen dafür, dass die Banken langsam wieder Gewinne erwirtschaften. Weder die Kanzlerin noch der Finanzminister wollen in eine Situation geraten, in der der Steuerzahler gerade steht für Kreditinstitute, die ihren Anteilseignern zu gleicher Zeit hohe Renditen verkünden. Zudem hat sich das Thema Bad Bank als äußerst komplex erwiesen. Schon seit Dezember, als Deutsche-Bank-Chef Josef Ackermann die Diskussion um eine Abwicklungsbank anstieß, sind die Beratungen im Gange. Abschließend gelöst sind die Fragen, wie die Bad Bank genau aussehen soll, auch jetzt noch nicht. Man muss sich entscheiden, ob der Staatshaushalt geschützt oder die Bankbilanzen bedingungslos bereinigt werden sollen, sagte Minister Steinbrück unlängst. (1), (2)

Viele Bad Banks statt nur einer

Vom Tisch scheint derzeit die Überlegung, eine einzige, staatliche Auffang-Bank zu gründen. Hätte man sich für eine solche Lösung entschieden, wären zusätzliche Belastungen des Staates und damit des Steuerzahlers wohl nicht zu vermeiden gewesen. Stattdessen steht jetzt ein Modell im Raum, bei dem jede Bank ihre eigene Bad Bank gründet. Sie sollen in Form von Zweckgesellschaften entstehen und nur mit staatlichen Garantien ausgestattet werden. Diese Art Bad Bank würde der Good Bank weiterhin gehören, was möglicherweise größere Anstrengungen nach sich zieht, die ausgelagerten Giftpapiere tatsächlich einmal auslösen zu können. Zudem meinen Experten, dass die Gründung von Zweckgesellschaften gegenüber dem Aufbau einer staatlichen Giftbank weitaus schneller zu realisieren sei.

Auch das nötige Kapital für die Gründung der Gesellschaften soll nach jetzigem Stand der Dinge von den Kreditinstituten selbst aufgebracht werden. Fehlt es den Banken am hierfür nötigen Kapital, könnte der Sonderfonds Finanzmarktstabilisierung (Soffin) einspringen. (1), (2), (3)

Aida als Alternative

Ein anderes, derzeit diskutiertes Modell heißt Anstalt in der Anstalt (Aida) und würde sich von den Zweckgesellschaften, wie sie der Bundesfinanzminister augenscheinlich favorisiert, deutlich unterscheiden. Das Aida-Modell sieht vor, die Giftpapiere in Tochtergesellschaften der Soffin auszulagern und gilt als Option insbesondere für die angeschlagenen Landesbanken. Hierfür müsste eine zentrale Holding in der Rechtsform einer Anstalt öffentlichen Rechts gegründet werden. Aidas würden nicht dem Kreditwesengesetz unterliegen, sodass die Banken deutlich weniger Eigenkapital aufbringen müssten. Die zentrale Holding könnte sich überdies als Steigbügel für die seit vielen Jahren angemahnte Zusammenführung des Landesbanksektors erweisen.

Andere Modelle wie der von den privaten Banken vorgeschlagene Mobilisierungsfonds oder ein Tausch toxischer Papiere gegen Staatsanleihen gelten derzeit als wenig aussichtsreich. Bis Mitte dieses Monats sollen die Bad Banks nach einem besonders schlanken Gesetzgebungsverfahren auf den Weg gebracht sein. (1), (2), (4), (5), (6)

Vertrauliche Liste sorgt für Unruhe

Wie dringlich die Einrichtung der Giftmülldeponien ist, hat unlängst eine Indiskretion an den Tag gebracht. Die Bundesanstalt für Finanzdienstleistungsaufsicht (BaFin) hatte eine geheime Liste angefertigt, in der die Werte der toxischen Papiere detailliert aufgelistet sind. Laut dieser Liste, deren Veröffentlichung bei den Verantwortlichen für große Verärgerung gesorgt hat, belasten die faulen Papiere die Bilanzen deutscher Banken mit 816 Milliarden Euro. Weltweit soll das Abschreibevolumen nach Aussage des Internationalen Währungsfonds bei schwindelerregenden 3,1 Billionen Euro liegen.

Die laut der BaFin-Liste am stärksten belastete deutsche Bank ist die Hypo Real Estate mit 268 Milliarden Euro. Tief im Morast soll auch die HSH Nordbank stecken, für die eine Summe von 105 Milliarden angegeben wird bei einer Bilanzsumme von 209 Milliarden Euro. Faule Papiere im Wert von 101 Milliarden Euro sollen es bei der Commerzbank sein, 21 Milliarden Euro sind es bei der Deutschen Bank. HypoVereinsbank und Postbank sitzen auf je fünf Milliarden Euro unverkäuflicher Forderungen.

Die BaFin hat nach der Veröffentlichung des streng vertraulichen Papiers allerdings vor einer Fehlinterpretation der Aufstellung gewarnt. Die Zahlen umfassten nicht nur toxische Wertpapiere, sondern auch solche Vermögenswerte, die nach Angaben der Banken nicht mehr zur aktuellen Geschäftsstrategie passen und die daher ausgegliedert werden sollen. [(3)](), [(4)]()

Fallbeispiele

Kein Umdenken bei der Deutschen Bank

Die Deutsche Bank will an ihrem Ziel einer Traumrendite in Höhe von 25 Prozent festhalten und stößt damit auf Unverständnis. Ein Kapitalmarkt-Experte der Frankfurt School of Finance and Management bemängelte, dass solche Renditen nur mit sehr risikoreichen Geschäften zu erreichen seien. Als eine realistische Größe sei demgegenüber das Renditeziel der deutschen Sparkassen zu werten, die zukünftig zwei Prozentpunkte mehr verdienen wollen, als der Kapitalmarktzins bietet. (8)

Weiterführende Literatur

(1) FINANZKRISE Eine Bad Bank für die Steuerzahler
aus Focus, 27.04.2009; Ausgabe: 18; Seite: 157-159

(2) Bad-Bank-Gipfel im Kanzleramt: Die große Koalition ringt um eine Entlastung für die Finanzwirtschaft Abgerechnet wird später Angst vor unkalkulierbaren Risiken: Die Bundesregierung will Banken faule Wertpapiere nur vorübergehend abnehmen
aus DIE WELT, 21.04.2009, Nr. 92, S. 10

(3) Bundesregierung entgiftet Banken
aus Handelsblatt Nr. 077 vom 22.04.09 Seite 1

(4) Krise: Angeblich Belastungen von 816 Milliarden Euro bei Kreditinstituten Noch mehr wertlose Papiere? HSH Nordbank unter Druck
aus Hamburger Abendblatt, 27.04.2009, Nr. 97, S. 19

(5) Regierung lässt viele Fragen zur "Bad Bank" offen
aus Stuttgarter Zeitung, 23.04.2009, S. 12

(6) Steinbrück: Die "giftigen Papiere" werden die Steuerzahler nicht belasten
aus Frankfurter Allgemeine Zeitung, 22.04.2009, Nr. 93, S. 1

(7) Banken fürchten Moody's
aus Handelsblatt Nr. 080 vom 27.04.09 Seite 1

(8) Hohe Rendite, hohes Risiko
aus Süddeutsche Zeitung, 20.04.2009, Ausgabe Bayern, München, Deutschland, S. 19

Impressum

Giftmülldeponien für faule Kredite - Bad Banks sollen den Banken helfen

Bibliografische Information der deutschen Nationalbibliothek

Die Deutsche Nationalbibliothek verzeichnet diese Publikation in der deutschen Nationalbibliografie; detaillierte bibliografische Daten sind im Internet über http://dnb.d-nb.de abrufbar.

ISBN: 978-3-7379-1652-3

© 2015 GBI-Genios Deutsche Wirtschaftsdatenbank GmbH, Freischützstraße 96, 81927 München, www.genios.de

Alle Rechte vorbehalten. Dieses Werk ist einschließlich aller seiner Teile – z.B. Texte, Tabellen und Grafiken - urheberrechtlich geschützt. Jede Verwertung außerhalb der Grenzen des Urheberrechtsgesetzes bedarf der vorherigen Zustimmung des Verlags. Dies gilt insbesondere auch für auszugsweise Nachdrucke, fotomechanische

Vervielfältigungen (Fotokopie/Mikroskopie), Übersetzungen, Auswertungen durch Datenbanken oder ähnliche Einrichtungen und die Einspeicherung und Verarbeitung in elektronischen Systemen.